LE SÉNAT

DEVANT

LE PAYS

PAR

LOUIS CHENOT

Prix : 10 Centimes

PRIX DE PROPAGANDE

50 exemplaires, 4 fr. 50 ; — 100 exemplaires, 7 fr. 50 ;
1,000 exemplaires, 60 fr.
[Port à la charge du destinataire]

---

*Adresser les commandes à M. G. FISCHBACHER,
33, rue de Seine, à Paris*

PARIS

LIBRAIRIE SANDOZ ET FISCHBACHER

33, Rue de Seine 33

1878

LE SÉNAT

DEVANT LE PAYS

I

De l'importance des Elections

Quand les colléges électoraux institués par la loi organique de 1875 se réuniront pour procéder au remplacement ou à la réélection des sénateurs dont le mandat aura pris fin, il se sera écoulé une année depuis la chute du rideau sur la tragi-comédie du 16 mai.

La République a vaincu le 14 octobre 1877, et son triomphe a été consacré le 13 décembre, aux applaudissements de la France et de l'Europe, par la soumission loyale de son gouvernement à la volonté de la nation.

La République a vaincu, mais pour qu'elle puisse jouir en paix des fruits de sa victoire, il importe que des tentatives analogues au coup d'Etat légal du 16 mai ne soient plus à redouter.

Il importe que les pouvoirs publics cessent de

vivre dans un état d'antagonisme permanent, et que, poursuivant désormais le même but, ils se prêtent un mutuel concours.

Il importe que, dans les deux Chambres, au Sénat comme à la Chambre des députés, il existe une majorité résolue à soutenir, à faire vivre et à défendre les institutions que la nation s'est données et qu'elle entend maintenir.

Il importe que le Sénat devienne ce qu'il doit être, un pouvoir modérateur, un conseiller bienveillant et écouté. Il importe, dans l'intérêt même de son existence future, qu'on cesse de le considérer comme ayant été créé pour être un instrument de conflits et avec la mission d'entraver la marche du gouvernement de la République.

*
* *

Nous n'avons pas à rechercher en ce moment si la coexistence de deux Chambres est bonne ou mauvaise dans une République telle que la nôtre. C'est une question qui se posera peut-être en 1880 : Pour le moment nous devons accepter la Constitution de 1875 telle qu'elle est, et la respecter quelles qu'en soient les imperfections. Toute notre tâche se réduit à en tirer le meilleur parti possible, et, puisque cette Constitution veut qu'un tiers du Sénat soit prochainement renouvelé, elle nous donne le pouvoir de modifier l'esprit de la haute Chambre et d'écarter les dangers que faisait courir à la République une majorité réactionnaire. Elle nous donne en un mot le pouvoir de rendre désormais impossible un nouveau 16 mai.

Si les élections sont bonnes, si elles sont républicaines, comme c'est notre ferme espoir, nous

verrons arriver sans crainte l'échéance de la révi-
sion possible de la Constitution : nous serons à
l'abri d'une nouvelle dissolution de la Chambre
des députés pendant l'intervalle de temps qui
nous sépare de cette échéance.

Si, par malheur, les élections étaient mauvaises,
si elles donnaient la victoire aux bonapartistes,
aux légitimistes, aux orléanistes coalisés, tous
les ennemis de la République reprendraient cou-
rage et entreprendraient une nouvelle campa-
gne contre nos institutions. Ils diraient que la
France s'est repentie et qu'elle s'est déjugée;
ils pourraient peut-être compromettre les heureux résultats obtenus au prix de tant d'efforts,
par la sagesse et la fermeté du pays, par sa résis-
tance obstinée aux coalisés du 16 mai, enfin par
la mémorable victoire du 14 octobre.

De là l'importance exceptionnelle des élections
qui vont avoir lieu et qui sont une sorte d'épreuve
suprême pour la République.

II

Le grand Parti national

La République, disait M. Thiers, est le
gouvernement nécessaire, parce que c'est
celui qui nous divise le moins.

Vous avez trois prétendants, répétait-il

souvent à des adversaires, **et vous n'avez qu'un seul trône à donner.**

Quand le premier président de la République française prononçait ces paroles que l'histoire retiendra, il résumait de la façon la plus claire et la plus nette possible la pensée de tant d'hommes de cœur et de bons citoyens qui, sans entraînement, mais par raison, se sont ralliés à sa suite à la forme de gouvernement qu'ils jugeaient seule désormais possible dans notre pays.

La République n'est point née d'un coup de tête; elle n'est pas sortie de l'émeute comme l'ont prétendu ses adversaires, elle est née de la nécessité, elle est sortie des entrailles mêmes de la France.

Le pays, le pays conservateur, l'a voulue et l'a maintenue avec réflexion. — Toutes les élections qui se sont faites depuis 1871 l'ont prouvé.

Au lendemain de Sedan, quand la France contempla avec horreur l'abîme au bord duquel l'empire l'avait conduite; quand, recherchant les causes d'une aussi grande catastrophe, elle comprit, — un peu tard, — que c'était le gouvernement personnel, le pouvoir sans contrôle qui l'avait réduite à cette extrémité; alors il s'éleva d'un bout à l'autre du territoire un long frémissement d'indignation contre l'aventurier qui avait saisi la pauvre France à la gorge dix-huit ans auparavant; qui, durant dix-huit ans l'avait baillonnée et garrottée sous prétexte de la sauver; et qui, maître absolu du pays, n'avait pas même su en garder les frontières. Alors la France prit une résolution virile, une résolution suprême. « Désormais, se dit-elle, je n'appartiendrai plus à personne ; je veux rester maîtresse de moi-même, maîtresse du sang de mes enfants ; je veux être l'unique arbitre de mes intérêts et de mon honneur ; je ne veux plus qu'un maître m'impose sa politique et prétende à lui seul avoir plus de jugement que le pays tout entier ! »

*
* *

Voilà comment s'est formé ce grand parti national qui n'est pas le parti de la légitimité, qui n'est pas le parti de l'empire, qui n'est le parti d'aucun prince, qui n'est le parti d'aucun homme, mais qui est le parti du pays tout entier, du pays qui entend rester libre et ne veut plus abdiquer entre les mains de qui que ce soit.

C'est autour de lui que, nous tous, ouvriers de la pensée, travaillons à grouper les forces vives de la nation pour les réunir en un faisceau compacte afin de lutter contre une réaction aveugle et obstinée, afin de sauver le pays des calamités d'une restauration monarchique, afin de maintenir la France libre et souveraine.

Si l'on nous demande une définition de ce grand parti national dont nous proclamons l'existence, nous dirons qu'il se compose de tous **les monarchistes qui aiment mieux la France qu'une dynastie quelconque et de tous les républicains qui font à la paix publique, à la République conservatrice, — conservatrice non pas des abus, mais de tous les droits légitimes, — telle en un mot que les événements l'ont faite, le sacrifice des théories qui leur sont chères.**

Les trois périodes historiques de la République française sont le développement d'un même principe, celui de la souveraineté nationale, mais dans des conditions différentes, — si différentes que l'on peut dire que nos trois Républiques n'ont de ressemblance que le nom.

La République de 1792 avait un caractère profondément révolutionnaire. Comment en eut-il été autrement? elle rompait avec la tradition des siècles, elle anéantissait le régime féodal; elle avait à lutter au dehors contre l'Europe coalisée, et au dedans elle avait à faire face aux royalistes insurgés contre elle et pactisant avec l'étranger : Il fallait bien qu'elle détruisit avant de reconstituer, et l'on ne pouvait attendre d'elle une œuvre d'apaisement. Son travail de reconstruction fut interrompu par le coup d'Etat de Brumaire. Dans une heure de lassitude et de vertige, la France abdiqua entre les mains d'un maître qui lui promettait, en échange de ses libertés, le respect des grands principes de 89, le maintien des résultats matériels de la révolution, et, de plus, l'empire du monde.

L'heure du châtiment sonna pour la France. Deux fois le flot de l'invasion passa sur notre pays, et l'homme qui avait rempli l'Europe de son nom laissa la France épuisée, envahie et démembrée.

L'idée républicaine resta à l'état latent dans les esprits libéraux jusqu'à 1848, et l'on sait que la monarchie de 1830 avait avait été offerte au peuple comme *la meilleure des Républiques.*

1848 fut l'**expérience** de la République, qui

réapparaissait pour la seconde fois avant que l'éducation démocratique du pays fut achevée, avant que le suffrage universel qu'elle proclamait fut éclairé.

Cette expérience fut arrêtée dans son cours par le coup d'Etat de décembre.

Pour la seconde fois la nation française abdiqua entre les mains d'un homme qui lui promettait l'ordre et la paix en échange de la liberté. Elle devait apprendre bientôt que la paix et l'ordre véritable, celui qui met tous les citoyens dans leurs droits et dans leur devoir, ne s'obtient pas *aux dépens* de la liberté, mais PAR la liberté.

Le châtiment fut le même qu'en 1815, et l'on put se demander si l'histoire était condamnée à se mouvoir éternellement dans le même cercle, et s'il en est des générations comme des individus que n'instruit pas l'expérience de leurs pères. Notre frontière, pour la troisième fois dans ce siècle, fut violée par l'étranger. Leçon terrible qui eût dû achever de démontrer à tous les Français qu'une nation ne doit jamais abdiquer entre les mains de qui que ce soit et ne doit confier qu'à elle-même le soin de sa dignité, de sa grandeur et de son repos.

La troisième République a été une république réfléchie, calme, voulue, sans illusions, sans passion. Ceux qui l'on fondée ne l'aimaient pas peut-être ; ils la jugeaient simplement nécessaire, parce qu'ils voyaient la monarchie impossible; en la fondant ils ont agi en hommes politiques et en bons citoyens.

Ce sont eux qui ont si puissamment contribué

à faire du parti républicain ce grand parti national dont nous avons défini le caractère. Ce sera
leur plus grande gloire devant la postérité d'avoir
travaillé avec tant de succès à cette transforma-
tion.

III

Le Programme des Républicains

Il n'y a rien, absolument rien, dans le programme des républicains qui ne puisse être ac-
cepté par un esprit libéral, par un homme de son
siècle, quelle que soit du reste son opinion sur
les mérites respectifs des différentes formes de
gouvernement que notre pays a expérimentées.

Que veulent les républicains ?

Avant tout, ils veulent l'ordre, persuadés qu'ils
sont qu'il n'y a pas de liberté possible sans l'ordre
et que le désordre est la voie la plus directe qui
mène au despotisme. Et, de fait, même pendant
les tristes jours qui suivirent le 16 mai, quand
les ennemis de la République étaient au pouvoir et
constituaient une menace permanente pour nos
institutions, les républicains n'ont voulu lutter
contre eux qu'avec les armes légales qui leur
étaient laissées, et leur triomphe a été surtout

glorieux parce qu'il était le triomphe de l'ordre et de la légalité.

Les républicains veulent la paix : ils peuvent le déclarer sans arrière-pensée, car un pays maître de lui-même peut accepter parfois la guerre comme une nécessité quand ses intérêts sont menacés, quand son honneur est atteint, jamais il ne la désire.

Au contraire, quand c'est un souverain qui est le maître, tous les prétextes lui sont bons pour faire la guerre s'il se croit le plus fort; car, au moyen de la guerre, il peut étouffer pour un temps les revendications des champions de la liberté; il détourne l'esprit public des questions intérieures, et s'il est victorieux, il consolide son trône pour vingt ans. Il est vrai que, s'il est battu, c'est le pays qui a versé innutilement le sang de ses enfants qui paie par surcroît les frais de la guerre de ses milliards et de ses meilleures provinces.

Les républicains demandent que l'armée soit au service du pays et au service de la loi; ils demandent qu'elle ne puisse plus se prêter à des coups d'Etat qui dégradent le sens moral des populations et sont suivis, comme nous en avons fait la triste expérience, de terribles lendemains.

Ils demandent encore que le clergé reste dans le temple pour y enseigner à ses fidèles les dogmes et les mystères de la religion, et qu'il ne puisse plus abuser de son influence en la mettant au service des incorrigibles ennemis de notre repos et de nos institutions.

Ils demandent enfin que la nation n'ait plus, comme sous l'empire, à mendier à la porte d'un maître omnipotent et arrogant les libertés qui sont de droit, et qu'elle n'ait plus à attendre son sort d'un signe de sa main et d'un mot de sa bouche.

Ce programme n'a rien d'effrayant : c'est celui de cette République honnête, libérale et modérée que nous avons fondée, que nous soutenons de toutes nos forces et que nous espérons léguer à nos descendants.

* *

Nos adversaires nous disent :

« Le parti républicain ne saurait être longtemps modéré ; il se laissera bientôt emporter au gré des fureurs démagogiques. »

Il est bien vrai qu'il y a parmi nous des hommes dont les théories sont insensées et même dangereuses, et qui exploitent l'éternelle amertume de ceux qui ne possèdent rien et dont l'existence laborieuse se débat trop souvent entre la misère et le chômage.

Mais ces hommes, qui ne sont, du reste, que l'infime minorité et dont les excitations n'ont plus le succès qu'il en attendent, se rencontrent aussi bien dans les monarchies que dans les républiques. On les retrouve en Allemagne bien plus nombreux encore qu'en France. Ces hommes sont de tous les pays et de tous les temps.

Le moyen de les rendre inoffensifs ne consiste pas à renverser la République pour rétablir la monarchie, ce qui ne résoudrait absolument rien. Ce moyen consiste à répandre dans les masses une instruction solide, appropriée à leur condition sociale; à faire sentir aux ignorants et aux égarés la différence qui existe entre le possible et l'impossible, et à opposer partout aux utopies les saines doctrines de l'économie politique.

Il y a des impatients qui voudraient que la République réalisât tout de suite tous les bienfaits que nous attendons d'elle. Ces impatients ne réfléchissent pas assez qu'une grande et vieille nation comme la France ne passe pas d'un régime monarchique séculaire au régime républicain sans beaucoup de tâtonnements, d'essais, de transitions et de transactions.

Il ne voient pas assez qu'en face du courant des impatiences il y a le courant des résistances ; qu'en face du courant qui nous pousse en avant il y a le courant qui nous rejette en arrière, et que, longtemps encore, la France sera le théâtre d'un duel gigantesque entre le passé et l'avenir.

Quant aux hommes du passé qui se bercent encore du fol espoir de relever d'une façon durable un ordre de choses tant de fois condamné par le pays, ceux là prennent leurs rêves pour des réalités : Jamais ils ne rendront à la France la foi monarchique qu'elle a perdue, — et qu'elle a perdue surtout par les fautes des régimes auxquels la République a succédé.

Jamais ces hommes ne parviendront à enchaîner la société à une borne ; ils pourront retarder, ils n'empêcheront pas le développement de l'évolution historique qui est en voie de s'accomplir chez nous. Leur ignorance et leur présomption sera un éternel sujet d'étonnement pour les esprits philosophiques.

Plus tard, peut-être, quand la République sera

définitivement fondée, et que, sous son égide, s'ouvrira pour la France une longue ère de paix, de prospérité et de progrès, ses incorrigibles adversaires reconnaîtront que la première condition qui s'impose à ceux qui veulent servir efficacement leur pays, c'est d'**appartenir à son temps, et de lui appartenir sincèrement et résolument.**

IV

Ce qu'a fait la République.

Ceux qui ne voient pas de quels bienfaits la France est redevable à la troisième république sont, ou des hommes qui ferment volontairement les yeux à l'évidence, et il n'y a dit-on, pires aveugles que ceux qui ne veulent pas voir, ou des hommes égarés par l'esprit de parti que rien ne serait capable de convaincre.

La République a maintenu l'ordre si heureusement et si complètement que l'on peut dire que jamais la France n'a été plus paisible, que jamais elle n'a joui d'une plus grande sécurité que depuis qu'elle est en République.

Sous le premier empire, sous la Restauration, sous le gouvernement de juillet, sous le dernier empire, il semblait que, de l'existence du souverain, sanscesse mise en péril par des conspirations et des attentats, dépendit l'existence même du pays. Ces attentats et ces conspirations qui éclataient comme des coups de tonnerre dans un ciel toujours orageux, provoquaient des mesures de sûreté générale qui ne témoignaient pas seulement de la frayeur du prince, mais encore de l'instabilité du régime qui les voyait se produire, et du danger permanent qui planait sur le pays.

Quels attentats se sont produits contre les membres du gouvernement depuis l'établissement de la troisième République ? Il ne s'en est pas produit, et il ne s'en produira pas. A quoi serviraient-ils ?

Ceux qui attentent à la vie d'un souverain espèrent ordinairement que sa mort entraînera, avec la chûte du régime dont il est la personnification et l'incarnation, un changement dans l'état social du pays.

Sous la République, il n'y a point d'assassinat qui puisse entraîner la chûte de la République. L'existence du gouvernement et de la société ne dépend de la vie d'aucun homme. La République est impersonnelle : elle se moque des bombes Orsini; et l'on peut dire qu'en mettant fin aux assassinats politiques qui ont pour but le renversement de tout un système, et de tout un état social, elle a, par ce seul fait, mieux assuré l'ordre et la sécurité intérieure que ne l'ont jamais fait les gardes prétoriennes d'un César.

*
* *

La République a maintenu au milieu des graves complications de la question orientale, une paix nécessaire que le triomphe de la politique du 16 mai pouvait seul compromettre.

En 1871 nous n'avions plus d'armée. Qui nous l'avait fait perdre? L'empire. Aujourd'hui nous avons la plus belle armée que la France ait jamais eue, ainsi qu'on a pu le constater à la revue du 20 juin. Qui nous l'a donnée? La République.

En 1871, nous devions cinq milliards; c'était le rachat du territoire envahi ; c'était le rachat de la folie impérale. La République les a soldés jusqu'au dernier sou, et aujourd'hui nous voyons notre crédit plus florissant qu'il ne l'a jamais été ; nous voyons autour de nous un peuple confiant, avide de paix et de réformes sagement progressives, heureux de jouir d'un calme que jamais aucun gouvernement ne lui a donné aussi complet.

Cette France qui avait subi des désastres sans précédents dans l'histoire s'est relevée sous le régime républicain avec un si prodigieux élan, que huit ans à peine après ses désastres, elle a pu convier tous les peuples de la terre à une Exposition plus magnifique que toutes les Expositions passées.

Enfin, si nous jetons les yeux sur les deux plus grandes monarchies du continent : la Russie et la Prusse, pour comparer leur situation avec la nôtre, nous voyons dans ces deux monarchies les sociétés secrètes pulluler et conspirer le renversement de l'état social ; nous y voyons les assassinats et les tentatives d'assassinat se multiplier. Deux fois à Berlin on a tiré sur l'empereur; à Pétersbourg on a frappé coup sur coup deux préfets de police.

La Prusse nous a vaincus, la Russie est allée aux portes de Constantinople ; et pourtant, grâce à la République, notre sort, à nous vaincus, est plus enviable que celui de ces deux grandes puissances victorieuses.

N'avons-nous pas le droit d'être fiers de ces résultats inespérés ? N'avons-nous pas le droit de dire que la troisième République a accompli de grandes choses ; qu'elle a été un bienfait pour la France, et que tous les bons citoyens doivent la défendre dans la mesure de leurs forces ?

**

A l'œuvre donc ! La consolidation de la République est, grâce au suffrage universel, l'œuvre commune de tous les citoyens. Tous, quelle que soit leur condition sociale, les plus petits comme les plus grands, les plus humbles comme les plus puissants, peuvent y coopérer. Et quand la France, qui, pendant un long siècle, a fait tant de révolutions pour conquérir la Liberté, l'aura enfin implantée pour jamais dans son sol ; lorsqu'en possession d'un gouvernement à la foi libéral, stable, pacifique, honnête et incontesté, tous les enfants de la mère patrie confondront dans un même sentiment d'amour la France et la République, tous ceux qui auront collaboré à cette œuvre d'apaisement et de salut pourront se glorifier d'avoir bien mérité de leur pays.

Electeurs sénatoriaux !

Le vote que vous allez émettre est grave. Vous tenez dans vos mains les destinées de la patrie.

Vous pouvez, par un vote sage et réfléchi, assurer à la France une ère de paix à l'extérieur, de tranquillité à l'intérieur, de prospérité publique et privée. Vous pouvez aussi, si votre vote est mauvais, préparer des conflits dont les conséquences pour l'avenir du pays sont incalculables.

Voulez-vous que notre gouvernement puisse exercer une part légitime d'influence dans les conseils de l'Europe? N'envoyez pas au Sénat des hommes qui battraient en brèche nos institutions et nous discréditeraient aux yeux de l'étranger. Nommez des hommes dont le nom et les opinions soient pour l'Europe une garantie de la stabilité et de l'affermissement du régime sous lequel nous vivons.

Voulez-vous rétablir l'accord entre le Sénat et la Chambre des députés? Voulez-vous rendre impossible un nouveau 16 mai? Votez pour des candidats républicains. Ecartez impitoyablement tous les anciens sénateurs qui ont voté la dissolution de la Chambre au mois de juin 1877 et qui viendront vous demander le renouvellement de leur mandat. Rappelez-vous les six mois d'angoisses qui ont suivi le malheureux vote du Sénat. Rappelez-vous les sombres jours où quelques forcenés s'attribuaient avec une présomption si grotesque le rôle de sauveurs de la patrie, et prétendaient insolemment faire dire au pays tout le contraire de ce qu'il pensait en réalité. Rappelez-vous la consternation et la frayeur qui s'étaient emparées des esprits sous le régime de ces sauveurs, dont la seule réapparition avait produit l'effet d'une tête de Gorgone. Les affaires subitement arrêtées, une diminution de 16 millions dans les

recettes des chemins de fer, la guerre civile et les
complications extérieures en perspective, le pres-
tige de l'autorité affaibli, les ressorts du gouvernement faussés, la loi torturée, partout le désordre moral à son comble, voilà en deux mots tout
le bilan du 16 mai. Et vous voudriez, en votant
pour des bonapartistes, pour des royalistes, pour
des réactionnaires de toute nuance nous exposer
à un renouvellement de l'acte funeste qui coûta
si cher à la France !

Voyez ce peuple d'honnêtes gens et de travail-
leurs qui s'est senti renaître du jour ou il a été
débarrassé de ses prétendus sauveurs, du jour où
le ministère du 16 mai fit place à un ministère
républicain ;

Ce peuple vous a dit sa volonté au 14 octobre;
il vous a dit qu'il voulait vivre en République.
Inspirez-vous donc de cette éclatante et patrio-
tique manifestation ; confirmez-la, complétez-la
par vos votes : Soyez à la hauteur des électeurs
du 14 octobre. Dites à votre tour qu'il n'y a plus
qu'un gouverment possible pour la France, qui est
la République ; dites à votre tour que pour que la
Paix soit durable et que le Travail soit fécond il
faut les placer sous l'égide de la Liberté.

Les départements qui ne doivent à aucun prix réélire ceux de leurs Sénateurs qui ont voté la dissolution, sont :

Haute-Garonne : Sacaze, Pourcet, de Belcastel.

Gers : Lacave-Laplagne, Batbie.

Gironde : Hubert-Delisle, de Pelleport, Béhic, Raoul Duval père.

Hérault : de Pagézy, de Rodez-Bénavent, Bonafous.

Ille-et-Villaine : Grivart, Loysel, de Kergariou.

Indre : Clément, de Bondy.

Indre-et-Loire : Houssard, de Quinemont.

Landes : de Gavardie, de Ravignan.

Loir-et-Cher : Riffault.

Loire : de Meaux, de Montgolfier.

Loire-Inférieure : de Lareinty, Espivent, de la Vrignais.

Loiret : Jahan.

Lot : Canrobert, Depeyre.

Lot-et-Garonne : de Bastard, Noubel.

Lozère : de Colombet, de Chambrun.

Maine-et-Loire : d'Andigné, Joubert, Le Guay.
Manche : Saint-Germain, Daru, d'Auxais.
Marne : Boissonnet.
Mayenne : Bernard-Dutreil.
Meuse : Bompard, Salmon.
Morbihan : de Kerdrel, de la Monneraye.
Nièvre : d'Espeuilles, de Bouillé.
Nord : Mailliet, d'Hespel.
Oise : de Malherbe, Aubrelicque.

Il faut aussi remplacer par des républicains : MM. de Kérjdec (Morbihan), Maurice, Brame et Staplande (Nord), Mége (Puy-de-Dôme), décédés.

En vente à la même Librairie

SIX MOIS DE MINISTÈRE

Documents et faits recueillis et classés, par E. LAFFINEUR

1 vol in-12.... 3 fr.

DU 16 MAI AU 2 SEPTEMBRE 1877

Notes à consulter — 1 vol. in-12.... 3 fr.

La Jeune République, rôle et action de l'Etat sous l'influence des institutions républicaines, par M. A. JACOB. 2ᵉ édition augmentée d'une préface, avec appréciation de l'acte du 16 mai. — 1 vol. in-12...................... 3 fr. 50

Manuel d'Instruction civique, par BENJAMIN MOSSÉ. — 1 vol. in-18......................... 1 fr.

Le Manuel du Citoyen, droits et devoirs de l'homme, par M. BLOCH. — 1 vol. in-18......... 1 fr. 25

L'Histoire des Paysans, par EUGÈNE BONNEMÈRE. 2ᵉ édition entièrement refondue et considérablement augmentée. — 2 vol. in-12...................... 7 fr.

Faleyrac, *Histoire d'une Commune rurale*, par JULES STEEG. — 1 vol. in-12...................... 3 fr.

Le Fils d'un de ces Hommes, scènes de la vie publique et privée sous l'Empire, par GABRIEL GUILLEMOT. 2ᵉ édition. — 1 vol. in-12...................... 3 fr. 50

AUXONNE, IMP. VICTOR CHARREAU.